Animales de los pastizales

Fauna del bioma

Rourke

Lisa Colozza Cocca
y Santiago Ochoa

CONEXIONES de la ESCUELA a la CASA DE ROURKE

ANTES Y DURANTE LAS ACTIVIDADES DE LECTURA

Antes de la lectura: *Desarrollo del conocimiento del contexto y el vocabulario*

Construir el conocimiento del contexto puede ayudar a los niños a procesar la información nueva y a usar la que ya conocen. Antes de leer un libro, es importante utilizar lo que ya saben los niños acerca del tema. Esto los ayudará a desarrollar su vocabulario e incrementar su comprensión de la lectura.

Preguntas y actividades para desarrollar el conocimiento del contexto:

1. Ve la portada del libro y lee el título. ¿De qué crees que trata este libro?
2. ¿Qué sabes de este tema?
3. Hojea el libro y echa un vistazo a las páginas. Ve el índice, las fotografías, los pies de foto y las palabras en negritas. ¿Estas características del texto te dan información o ayudan a hacer predicciones acerca de lo que leerás en este libro?

Vocabulario: *El vocabulario es la clave para la comprensión de la lectura*

Use las siguientes instrucciones para iniciar una conversación acerca de cada palabra.

- Lee las palabras del vocabulario.
- ¿Qué te viene a la mente cuando ves cada palabra?
- ¿Qué crees que significa cada palabra?

Palabras del vocabulario:
- abandonados
- descomponedores
- estepas
- madrigueras
- migran
- nocturno
- nutritiva
- presas
- sabanas
- templados

Durante la lectura: *Leer para entender y conocer los significados*

Para lograr una comprensión profunda de un libro, se anima a los niños a que usen estrategias de lectura detallada. Durante la lectura, es importante hacer que los niños se detengan y establezcan conexiones. Esas conexiones darán como resultado un análisis y entendimiento más profundos de un libro.

 ### Lectura detallada de un texto

Durante la lectura, pida a los niños que se detengan y hablen acerca de lo siguiente:

- Partes que sean confusas.
- Palabras que no conozcan.
- Conexiones texto a texto, texto a ti mismo, texto al mundo.
- La idea principal de cada capítulo o encabezado.

Anime a los niños a usar las pistas del contexto para determinar el significado de las palabras que no conozcan. Estas estrategias los ayudarán a aprender a analizar el texto más minuciosamente mientras leen.

Cuando termine de leer este libro, vaya a la penúltima página para ver las **Preguntas relacionadas con el contenido** y una **Actividad de extensión**.

Índice

Biomas 4
Pastizales templados 6
Praderas abiertas 8
Pastizales de estepa 17
Pastizales tropicales 23
Actividad: El juego del comedor exigente 29
Glosario 30
Índice alfabético 31
Preguntas relacionadas con el contenido 31
Actividad de extensión 31
Acerca de la autora 32

Biomas

Un bioma es una gran región de la Tierra con seres vivos que se han adaptado a las condiciones de esa región.

= Biomas de pastizal

Los biomas de pastizal son extensiones de terreno abiertas y bastante llanas, cubiertas principalmente por hierbas. Hay dos tipos principales de biomas de pastizal: los **templados** y los tropicales.

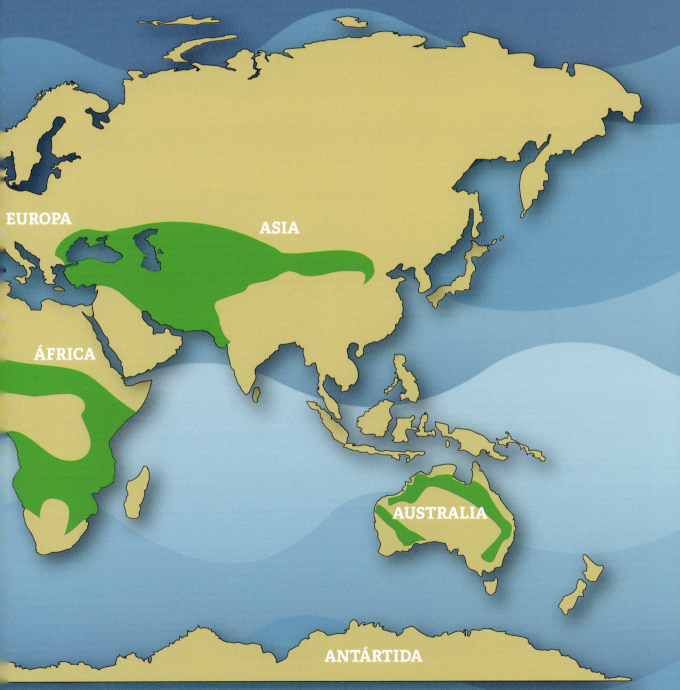

Pastizales templados

Los pastizales templados incluyen las praderas y las **estepas**. Ambas tienen veranos calurosos e inviernos fríos. Las praderas tienen precipitaciones moderadas. Las hierbas y las flores crecen en el suelo fértil, pero hay pocos árboles.

pradera en Kansas

Las estepas reciben solo la mitad de lluvia que las praderas. Las hierbas que crecen aquí son más cortas que las que crecen en las praderas debido a la sequedad.

estepa en Mongolia

Praderas abiertas

Las praderas son el hogar de muchos rumiantes. Los rumiantes son animales con estómagos de cuatro partes. Pueden comer hierbas duras y utilizarlas para obtener energía. Los bisontes son rumiantes. Sus dientes, anchos y planos, pueden masticar las hierbas duras que se encuentran aquí.

Los bisontes pueden llegar a medir hasta 6.5 pies (1.98 metros) de altura hasta los hombros. Pueden pesar más de una tonelada (0.9 toneladas métricas). Los bisontes tienen un vista pobre, pero excelentes oído y sentido del olfato. Debido a su tamaño, tienen pocos depredadores.

¿Sabías que?

Los bisontes permanecen activos durante todo el invierno. Su pelaje es tan grueso que la nieve puede caer sobre él y no derretirse. Utilizan sus cuernos curvados para cavar a través de la nieve y llegar a los pastos de abajo.

Los alces también son rumiantes. Un alce come unas 20 libras (9 kilos) de hierbas y pastos al día. Su pelaje ligero e impermeable de verano le ayuda a mantenerse fresco. Su grueso y lanoso pelaje de invierno es unas cinco veces más cálido que el de verano. Utiliza sus pezuñas para retirar la nieve de los pastos y comerlos en invierno.

¿Sabías que?
Los alces meten sus finas patas bajo el cuerpo cuando descansan, para mantenerse calientes.

Al gallo de las praderas le gusta comer hormigas, saltamontes y chicharritas. También come semillas y hierba si es necesario, pero llega a volar hasta 30 millas (48 kilómetros) para encontrar la comida que le gusta. Esta ave construye su nido en el suelo usando hierba, ramitas y plumas. Las hierbas altas que lo rodean mantienen el nido oculto de los depredadores.

Los gallos de la pradera no **migran** en invierno. Las plumas de sus patas y pies les ayudan a mantenerse calientes en el frío. Cuando cae la nieve, el gallo se queda en su nido bajo la nieve. La nieve bloquea el viento y ayuda al ave a mantenerse caliente.

Gran parte de la actividad en las praderas tiene lugar bajo tierra. Los perros de las praderas utilizan sus afiladas garras para cavar un sistema de túneles y **madrigueras** conectados. Durante el día, utilizan sus afilados dientes para roer plantas, raíces y semillas, pero la mayor parte de su tiempo lo dedican a cavar o a reparar su ciudad.

¿Sabías que?

El mayor poblado conocido de perros de las praderas se extendía por 25 000 millas cuadradas (64 750 kilómetros) cuadrados de terreno en Texas. Era el hogar de unos 400 millones de perros de las praderas.

El trabajo del perro de las praderas ayuda a muchos otros animales. Liebres, tejones, comadrejas, búhos de madriguera, sapos y serpientes cascabel se instalan en las madrigueras.

búho de madriguera

El hurón de patas negras vive en las madrigueras. La excelente vista, oído y olfato de este animal **nocturno** le ayudan a cazar en los túneles oscuros. El alimento favorito de este hurón es su anfitrión. Cada hurón come más de 100 perros de las praderas al año.

hurón de patas negras

¿Sabías que?

Los perros de las praderas se preparan para el invierno almacenando algo de comida extra en sus madrigueras. Pueden pasar largos periodos sin comida ni agua si es necesario.

La salamandra tigre pasa el día en la madriguera del perro de las praderas. Tiene un hocico corto, patas robustas y una cola larga. Con 14 pulgadas (36 centímetros) de largo, es la salamandra terrestre más grande. Sale por la noche a cazar gusanos, insectos, ranas y otras salamandras para alimentarse.

Las marcas de la salamandra tigre dependen de la subespecie a la que pertenezca. Este anfibio es una salamandra tigre manchada.

Praderas de estepa

Los animales de las praderas de estepa viven en condiciones más secas. Los caballos de Przewalski (se pronuncia: chi-vals-ki) necesitan mucha agua. Durante las épocas de sequía, rompen el suelo con sus afiladas pezuñas para encontrar agua bajo tierra.

¿Sabías que?

Los caballos de Przewalski adaptan su actividad al clima. Son más activos durante las horas más frescas de los días calurosos y las más cálidas de los días fríos.

Los caballos de Przewalski tienen un cuerpo corto y fornido y una cabeza grande. Les crece un pelaje grueso y cálido en invierno y se desprenden de él en primavera.

Estos comedores de plantas viven en manadas para protegerse de los depredadores, como los lobos y los leopardos de las nieves. Los caballos pueden oír y oler el peligro a grandes distancias. Si no pueden escapar, utilizan sus fuertes dientes y patas para protegerse.

Los argalis, las ovejas más grandes del mundo, viven en las praderas esteparias. Tienen un pelaje corto y oscuro durante el verano, y uno largo y más claro durante el invierno.

Las ovejas se alimentan de plantas. Las hembras se alimentan en lugares más altos, donde la comida es menos **nutritiva**, pero hay menos depredadores. Los machos se alimentan en zonas más bajas con mejor comida, pero con más depredadores.

¿Sabías que?

Por seguridad, los argalis viven en rebaños. Estas ovejas de patas largas y rápidas se mueven en rebaño cuando se acercan los depredadores. Si una se separa del rebaño, se hace la muerta, o se queda quieta, hasta que el depredador se va.

buitre negro

Los buitres negros también viven en las praderas esteparias. Estas grandes aves de largas patas tienen una excelente visión diurna, pero no tienen sentido del olfato. El buitre negro sigue al buitre pavo, que tiene un excelente sentido del olfato, hasta una fuente de alimento: un animal muerto. Varios buitres negros se posan juntos sobre la comida para obligar al buitre pavo, mucho más grande, a alejarse.

Pastizales tropicales

Los pastizales tropicales, o **sabanas**, son cálidos o calurosos todo el año. La temporada de lluvias dura de seis a ocho meses. Durante este tiempo, caen de 20 a 50 pulgadas (50 a 127 centímetros) de lluvia. Las hierbas crecen hasta dos metros de altura y los árboles crecen dispersos por la tierra. A la temporada de lluvias le sigue una larga temporada seca.

Muchos animales prosperan en el clima cálido y húmedo de la sabana. Los incendios son comunes durante los meses secos. Estas llamas matan a los insectos y ahuyentan a roedores y lagartos.

león en una sabana

Las termitas sostienen a cientos de otros seres vivos en este bioma. Son los principales **descomponedores** de la sabana. Las termitas construyen montículos hechos de saliva y de sus propios desechos. Los montículos miden entre 6 y 20 pies (2 y 6 metros) de altura. Las termitas viven en un nido subterráneo bajo el montículo.

¿Sabías que?

Las termitas construyen túneles en sus montículos que permiten que el aire entre y salga del nido. Actúan como aire acondicionado durante los meses de calor.

Cuando las termitas trabajan, añaden aire a la tierra que las rodea. Esto ayuda a que crezcan más plantas y acacias cerca del montículo. Babuinos, impalas, cebras y ñus se reúnen junto a los montículos para comer hierba fresca. Las jirafas acuden allí para comer hojas y los nuevos brotes de las acacias. Los elefantes utilizan los montículos para rascarse. Los leopardos, guepardos y leones se posan en la cima de los montículos para buscar **presas**.

¿Sabías que?

El león es conocido como el «rey de la selva», pero la mayoría de los leones viven en las sabanas. Este bioma les ofrece más opciones de presas.

Los montículos protegen a las termitas de los depredadores, pero siguen estando en peligro. Los zorros con orejas de murciélago, los gatos servales, las mangostas, las hienas, los cerdos hormigueros y los armadillos tienen un oído agudo. Oyen a las termitas que se mueven bajo tierra. Estos animales abren agujeros en el montículo y succionan las termitas.

armadillo

mangosta

cerdo hormiguero

zorro con orejas de murciélago

lagarto monitor

Incluso los montículos **abandonados** sirven al bioma. Ardillas, mangostas y suricatas viven en ellos. Los lagartos monitores utilizan viejos montículos como nidos para sus huevos.

Los animales que viven en los biomas de pradera dependen del entorno y de los demás animales para sobrevivir. Cada animal se ha adaptado física o socialmente a las condiciones únicas de su hogar en las praderas.

Una gacela hembra esconde a sus crías entre las hierbas altas de la sabana para mantenerlas a salvo de los depredadores.

Actividad: El juego del comedor exigente

El hurón de patas negras es uno de los mamíferos más amenazados de Norteamérica. Los perros de la pradera constituyen el 90 por ciento de su dieta. La cantidad de terreno disponible para las poblaciones de perros de las praderas se está reduciendo. Juega este juego para ver por qué la pérdida de poblaciones de perros de la pradera ha causado la pérdida de muchos hurones de patas negras.

Qué necesitas

65 cuadrados pequeños de papel de color. Etiquétalos de la siguiente manera:
- 5 de cada uno: aves, conejos, huevos, serpientes, ratones/ratas, lagartos, ciervos, hierbas/bayas, puercoespines, topillos e insectos
- 10: perros de la pradera

6 hojas de papel de color. Etiquétalos de la siguiente manera:
1. Dieta del HALCÓN: serpientes, conejos, aves, perros de la pradera, ratones/ratas, lagartijas.
2. Dieta del LINCE ROJO: conejos, aves, perros de la pradera, ratones/ratas.
3. Dieta del LEÓN DE MONTAÑA: ciervos, conejos, perros de las praderas, hierbas/bayas, puercoespines.
4. Dieta del TEJÓN: topillos, ratones/ratas, perros de la pradera, conejos, lagartos, aves, huevos, insectos.
5. Dieta del COYOTE: topillos, conejos, aves, perros de las praderas, ratones/ratas, serpientes, lagartos, ciervos, insectos, huevos, hierbas/moras.
6. Dieta del HURÓN DE PATAS NEGRAS: perros de las praderas.

Muere 1

Instrucciones
1. Tira el dado.
2. Alimenta al animal que coincida con el número que hayas sacado. Coloca en el papel una de las casillas que coincida con algo de su dieta.
3. Sigue tirando el dado hasta que el hurón se quede sin comida. ¿A cuántas tiradas sobrevivió el hurón? ¿Qué animal se quedó sin comida primero? ¿Por qué?

Glosario

abandonados: Que ya no se utilizan para su propósito original.

descomponedores: Seres vivos que se alimentan de y descomponen plantas y animales muertos.

estepas: Amplias llanuras sin árboles en el sureste de Europa o Asia.

madrigueras: Túneles, agujeros o guaridas que se excavan bajo la superficie del suelo y que sirven de hogar a los animales.

migran: Que se desplazan de una región a otra.

nocturno: Activo durante la noche.

nutritiva: Que aporta sustancias necesarias para la salud.

presas: Animales que son cazados por otros para alimentarse.

sabanas: Llanuras planas y herbáceas con pocos árboles o ninguno en climas tropicales o subtropicales.

templados: Que tienen un clima moderado con muy pocas temperaturas extremas. Que no son ni fríos ni calientes.

Índice alfabético

alce(s): 10
argalis: 20, 21
bisontes: 8, 9
buitre(s) negro(s): 22
caballos de Przewalski: 17, 18
gallo(s) de las praderas: 11, 12
hurón de patas negras: 15
perro(s) de las praderas: 13, 14, 15, 16
salamandra tigre: 16
termitas: 24, 25, 26

Preguntas relacionadas con el contenido

1. ¿Cuáles son las principales diferencias entre los pastizales templados y los tropicales?
2. ¿Cómo sobreviven los gallos de las praderas a los fríos inviernos en la pradera?
3. ¿Cómo ayudan los perros de las praderas a otros seres vivos de su bioma?
4. ¿Por qué algunos animales de las estepas viven en manadas?
5. Describe tres formas en que otros animales utilizan los termiteros.

Actividad de extensión

Elige el tipo de bioma de pastizal que creas que puede servir de apoyo a las comunidades humanas. Haz un diagrama que muestre cómo se apoyan entre sí las partes naturales de ese bioma. A continuación, añade la comunidad humana. ¿Cómo afectarán las personas, los edificios y la actividad humana las partes naturales del bioma? Explica tus ideas a un amigo.

Acerca de la autora

Desde que tiene uso de razón, a Lisa Colozza Cocca le gusta leer y aprender cosas nuevas. Vive en Nueva Jersey, junto a la costa, y le encanta sentir la arena entre los dedos de los pies. Puedes aprender más sobre Lisa y su obra en www.lisacolozzacocca.com (página en inglés).

© 2023 Rourke Educational Media

All rights reserved. No part of this book may be reproduced or utilized in any form or by any means, electronic or mechanical including photocopying, recording, or by any information storage and retrieval system without permission in writing from the publisher.

www.rourkebooks.com

PHOTO CREDITS: Cover and Title Pg ©Nemyrivskyi Viacheslav, ©noreefly, ©KenCanning, ©mzurawski, ©Krisztian Farkas; Pg 28, 31, 32 ©Luseen; Pg 3, 6, 8, 13, 17, 23 ©noreefly; Pg 4 ©CarlaNichiata, Pg 5 ©ttsz; Pg 6 ©tomofbluesprings; Pg 7 ©jaturunp; Pg 8 ©Jillian Cooper; Pg 9 ©mlharing, Pg 10 ©FRANKHILDEBRAND, ©AnjanSapkota; Pg 11 ©photographybyJHWilliams; Pg 12 ©By Brian A Wolf; Pg 13 ©Zoltan Tarlacz; Pg 14 ©Missing35mm; Pg 15 ©By Kerry Hargrove; Pg 16 ©JasonOndreicka; Pg 17 ©Ozbalci; Pg 18 ©Serhii Moiseiev, ©User10095428_393; Pg 19 ©fotohalo; Pg 20 ©powerofforever; Pg 21 ©By karamysh; Pg 22 ©Global_Pics; Pg 23 ©WLDavies; Pg 24 ©GomezDavid, ©Nick Shillan; Pg 25 ©Binty; Pg 26 ©twildlife, ©Shongololo90, ©gregul, ©EcoPic, ©pjmalsbury; Pg 27 ©By Jonathan Oberholster; Pg 28 ©Blair Costelloe

Editado por: Laura Malay
Diseño de la tapa: Kathy Walsh
Diseño interior: Rhea Magaro-Wallace
Traducción: Santiago Ochoa

Library of Congress PCN Data

Animales de los pastizales/ Lisa Colozza Cocca
(Fauna del bioma)
  ISBN 978-1-73165-465-6 (hard cover)
  ISBN 978-1-73165-516-5 (soft cover)
  ISBN 978-1-73165-549-3 (e-book)
  ISBN 978-1-73165-582-0 (e-pub)
Library of Congress Control Number: 2022940977

Rourke Educational Media
Printed in the United States of America
01-0372311937